BEI GRIN MACHT SICH IHR
WISSEN BEZAHLT

AF125639

- Wir veröffentlichen Ihre Hausarbeit,
  Bachelor- und Masterarbeit

- Ihr eigenes eBook und Buch -
  weltweit in allen wichtigen Shops

- Verdienen Sie an jedem Verkauf

Jetzt bei www.GRIN.com hochladen
und kostenlos publizieren

Paul Taubmann

Textanalyse zu Friedrich Gogarten: "Verhängnis und Hoffnung der Neuzeit. Säkularisierung als theologisches Problem."

GRIN Verlag

Bibliografische Information der Deutschen Nationalbibliothek:

Die Deutsche Bibliothek verzeichnet diese Publikation in der Deutschen National-
bibliografie; detaillierte bibliografische Daten sind im Internet über http://dnb.d-
nb.de/ abrufbar.

Impressum:

Copyright © 2008 GRIN Verlag GmbH
Druck und Bindung: Books on Demand GmbH, Norderstedt Germany
ISBN: 978-3-640-29289-9

Dieses Buch bei GRIN:

http://www.grin.com/de/e-book/124267/textanalyse-zu-friedrich-gogarten-
verhaengnis-und-hoffnung-der-neuzeit

GRIN - Your knowledge has value

Der GRIN Verlag publiziert seit 1998 wissenschaftliche Arbeiten von Studenten, Hochschullehrern und anderen Akademikern als eBook und gedrucktes Buch. Die Verlagswebsite www.grin.com ist die ideale Plattform zur Veröffentlichung von Hausarbeiten, Abschlussarbeiten, wissenschaftlichen Aufsätzen, Dissertationen und Fachbüchern.

Besuchen Sie uns im Internet:

http://www.grin.com/

http://www.facebook.com/grincom

http://www.twitter.com/grin_com

Universität der Bundeswehr München
Fakultät für Staats- und Sozialwissenschaften
Institut für Theologie und Ethik
Sommertrimester 2008

Textanalyse zu:

GOGARTEN, Friedrich:

Verhängnis und Hoffnung der Neuzeit.

Die Säkularisierung als theologisches

Problem,

Stuttgart 1953

Paul Taubmann

SOWI 2007

4. Trimester

Gliederung

A. Einleitung

Im heutigen Zusammenhang mit dem internationalen Terror, vor allem dem islamisch motivierten, stellt sich die Frage, ob Religion für politische Zwecke missbraucht wird oder ob es tatsächlich eine Renaissance der Religionen gibt. Ist die Säkularisierung also am Ende und beherrschen wieder religiöse Vorstellungen und Ziele das Handeln der Menschen auf diesem Planeten? Das kann nicht mit Sicherheit festgestellt werden, aber über das Phänomen der Säkularisierung wurde schon häufiger nachgedacht.

Ein prominentes Beispiel hierfür ist Gegenstand dieser Arbeit, das Buch des lutherischen Theologen Friedrich Gogarten: „Verhängnis und Hoffnung der Neuzeit. Die Säkularisierung als theologisches Problem". Das dieses Werk bereits 1953 erschienen ist, scheint kein Zufall zu sein. Zwar beschäftigte sich der Autor zeit seines Lebens mit diesem Thema, doch spielte vor allem in der Nachkriegszeit des Zweiten Weltkrieges die Religion eine entscheidende Rolle bei der Demokratisierung und war auch vielen Menschen ein Maßstab zum Handeln. Die folgende Arbeit soll den Sinn haben, die Aussagen Gogartens in seinem Werk verkürzt wiederzugeben und sein Bild der von der Säkularisierung von 1953 nachzuzeichnen.

Dass sowohl in den 50er Jahren wie auch heute über das Thema Säkularisierung gesprochen wird, zeigt, dass es sich hierbei um ein stets aktuelles Problem handelt.

B. Literaturanalyse

1. Lebenslauf

Friedrich Gogarten, geboren am 13.01. 1887 in Dortmund, war ein bedeutender lutherischer Theologe des 20. Jahrhunderts.

Nach dem Besuch verschiedener Gymnasien und der Reifeprüfung in Hannoversch Münden studierte er ein Semester Kunstgeschichte in München, dann aber seinem eigentlichen Wunsch folgend Theologie von 1907 bis 1912 in Jena, Berlin und Heidelberg. Nach seiner Zeit als Kandidat der rheinischen Provinzialkirche, Synodalvikar in Stolberg, Hilfsprediger in Bremen und Pfarrer der Gemeinde Stelzendorf wurde er 1925 Privatdozent für systemische Theologie in Jena. Ab 1931 lehrte er als ordentlicher Professor bis 1935 in Breslau, anschließend bis zu seiner Emeritierung 1955 in Göttingen. Aus der Zeit der Lehrtätigkeit in Göttingen stammt auch das zu behandelnde Werk „Verhängnis und Hoffnung der Neuzeit" von 1953 (2. Auflage 1958). Gogarten starb 1967 in Göttingen.[1]

2. Gesamtwerk Gogartens

Gogarten gilt neben Emil Brunner, Rudolf Bultmann, Eduard Thurneysen und Dietrich Bonhoeffer als einer der Begründer der dialektischen Theologie. Die dialektische Theologie oder auch Theologie der Krisis „stellt eine spezifische Variante dogmatischen Unterschiedsdenkens dar, die unter den Bedingungen manifester Krisenhaftigkeit der Moderne eine synthetische Zuordnung der christlichen Religion zur bürgerlichen Kultur verweigert [...]."[2]

---

[1] Vergleiche: Bautz, Friedric-W. (Hg.), Biographisch-Bibliographisches Kirchenlexikon (Bd. 2). Herzberg 1990, 263-264, (wird im Folgenden mit BBKL abgekürzt)
[2] Betz, Hans D. u.a., Religion in Geschichte und Gegenwart. (Bd. 2). Tübingen 1999, 809 (wird im folgenden mit RGG4 und dem Band abgekürzt)

Zu seinen bedeutendsten Werken sind unter anderem zu zählen: „Fichte als religiöser Denker" (1914), „Zwischen den Zeiten" (1920), „Glaube und Wirklichkeit" (1928), „Gericht oder Skepsis" (1937) sowie „Der Mensch zwischen Gott und der Welt" (1952) und „Was ist Christentum" (1956). [3]

In seinen frühen Arbeiten beschäftigte sich Gogarten hauptsächlich mit der Weiterführung der Gedanken Johann Gottlieb Fichtes. Ein enger Kontakt zu Arthur Bonus und dem Verleger Eugen Diedrichs führt zu dem Verständnis, Religion sei „erlebte und geformte Tiefe des individuellen Lebens, ist Öffnung für das Ewige im Menschen."[4] Um 1917 beginnt Gogarten mit dem Lutherstudium, welches ihn sein gesamtes Leben begleiten sollte. Im Mittelpunkt seiner Forschung stehen fortan die „Verhaltensbestimmungen von Gesetz und Evangelium."[5] Auch im zu behandelnden Werk steht dieser Themenkomplex mit im Vordergrund. Nach dem Ersten Weltkrieg bestimmte die von Gogarten wahrgenommene Krise der europäischen Kultur und die absolute Gegensätzlichkeit von Gott und dem Menschen seine theologische Neuorientierung. Die Zusammenarbeit mit Karl Barth und anderen führt zur Schaffung der dialektischen Theologie. In den Jahren vor dem Zweiten Weltkrieg beschäftigte er sich hauptsächlich mit politischer Ethik, indem er Luther aktualisierte, es folgte der Bruch mit Karl Barth durch Gogartens Werk „Gericht oder Skepsis" 1937.[6] Nach dem Zweiten Weltkrieg wurde die Säkularisierung sein zentrales Thema, und genau aus dieser Zeit stammt auch das Werk, das nun im Folgenden genauer betrachtet werden soll.

---

[3] Vergleiche: Bautz: BBKL, 263-264
[4] Betz: RGG4 (Bd.3), 1071
[5] Betz: RGG4 (Bd.3), 1071
[6] Vergleiche: Betz: RGG4 (Bd.3), 1072

3. Verhängnis und Hoffnung der Neuzeit

a. Das Verhältnis des Menschen zu Gott und der Welt

Im Folgenden sollen die Themen beschrieben werden, denen Gogarten den Anfang seines Werkes quasi als Einleitung, Begriffsbestimmung und Grundlage für die weiteren Untersuchungen und Überlegungen widmet.

Wichtigste Basis aller Überlegungen ist die Annahme, der christlich glaubende Mensch strebe nach dem Heil, er wolle ganz werden. Dies ist das Höchste, was es für einen Christen zu erreichen gilt. Im 4.Kapitel: „Das Heil des Menschen" wird hierzu genauer Stellung genommen. Oftmals wird von den Gläubigen angenommen, dieses Heil könne durch gute Taten oder Werke erreicht werden. Gogarten stellt aber in seinen Überlegungen fest: „das sie [die Ganzheit, das Heil] nicht durch irgendein Tun des Menschen zu gewinnen ist, mag es auch noch so fromm sein"[7]. Damit ist gesagt, dass das Heil nicht „als dem Menschen auf übernatürlich-magische Weise eingeflößt verstanden werden darf" (S.67), sondern von vornherein die Entscheidung abfordert, zu glauben und im Glauben zu bleiben oder der Versuchung zu verfallen. Der Mensch wird nicht aus sich heil, er trägt zwar diese unvollständige Ganzheit immer in sich, aber Gott vervollständigt diese dann. Der Autor beschreibt das Heil wie folgt: „dieses Heil, diese Ganzheit ist Gott selbst" (S.51).

Genauso grundlegend wie den Begriff des Heils erklärt Gogarten auch den Begriff der Sünde: „der Mensch sündigt an Gott und an niemandem und nicht sonst" (S.36). Die eigentliche Sünde ist die Abkehr von Gott, und in dieser Abkehr kann der Mensch sein Heil nicht erreichen. Hier wird auch das zentrale Problem deutlich: „Daß die Menschen dem Geschöpf statt dem Schöpfer Dienst und Verehrung

---

[7] Gogarten, Friedrich: Verhängnis und Hoffnung der Neuzeit. Die Säkularisierung als theologisches Problem, Stuttgart 1953 (Im Folgenden erfolgt die die Angabe der Seitenzahl in Klammern im Text)

erwiesen, das ist […] die Gottlosigkeit und Ruchlosigkeit" (S.15). Indem Gott den Menschen schuf, machte er sich ihn zum Sohn und auch zum Erben über die ebenfalls von ihm geschaffene Welt. Wir als Menschen haben unser Erbe zu verwalten. Aber indem der Mensch versucht, seine Ganzheit auf der Welt zu finden und sich selbst zu begründen, verschließt er sich gegen Gott und damit gegen sein eigenes Geschöpftsein. Sollte dies geschehen, „dann gibt es für den Menschen schlechthin nichts Göttliches mehr und sein Leben verfällt unaufhaltsam der Willkür und einer grauenvollen Sinnlosigkeit" (S.16). Damit wird auch die ungeheure Tragweite dieses Problems erstmals in vollem Umfang klar, denn für den christlich glaubenden Menschen fällt auf diese Weise eine seiner Lebensmaxime weg, nämlich tugendhaftes Handeln in Erwartung des göttlichen Gerichts. Es gibt nach der Selbstbegründung der Welt und des Menschen und dem Finden des Sinns in sich selbst, nicht mehr in Gott das Ziel, und damit regiert die bereits zitierte „grauenvolle Sinnlosigkeit".

b. Zweierlei Geschichtsbegriffe

Der folgende Abschnitt, dem Kapitel 8 von „Verhängnis und Hoffnung der Neuzeit" gleich benannt, soll sich mit dem Verständnis der Geschichte zum einen aus der Sicht der Theologie Gogartens, zum anderen aus seiner wahrgenommenen Sicht der Geschichtswissenschaften beschäftigen.

Gogarten unterscheidet die Geschichte in zwei Disziplinen, nämlich die klassische Geschichtsforschung zum einen und die Geschichtsphilosophie zum anderen (Vgl.S.113). Bereits im siebten Kapitel geht er auf die Schwierigkeiten ein, die beide Wissenschaften damit haben, die geschichtliche Wirklichkeit zu erfassen, da die Geschichtswissenschaft sich nur auf die Erforschung der Vergangenheit beschränkt und die Geschichtsphilosophie „die Gegenwarts- und Zukunftsbedeutung der Geschichte zu erforschen und zu klären sucht" (S.113). Gogarten aber vertritt die Meinung, dass „Geschichte […] nicht nur mit der Vergangenheit, sondern mindestens ebenso mit der Gegenwart und der Zukunft zu tun hat und das eine nicht vom anderen zu trennen ist" (S.113). Somit ist es essentiell, hier alles in den Blickpunkt zu rücken, um die geschichtliche Wirklichkeit zu verstehen. Im Weiteren klärt Gogarten den Leser über die Gründe auf, warum es unmöglich ist, diese beiden Disziplinen zu vereinen. Er nennt hier unter anderem das Problem, dass die historische Fachwissenschaft zwar das Gewesene erforschen würde, sich aber nicht darüber im Klaren wäre, was das Gewesene sei. Als wesentliche Schwierigkeit der Geschichtsphilosophie beschreibt Gogarten die ungewollte Flucht aus dem Geschichtlichen zu einem Punkt über oder hinter der Geschichte. Dies kommt zu Stande, weil diese Wissenschaft die Geschichte als Ganzes mit einem Sinn und einem Ziel versehen will und nicht erkennt, dass es sich hierbei um ein wandelbares, sich ständig veränderndes Gebilde handelt, das sich wohl kaum in eine universelle Sinnvorstellung einfügen lässt (Vgl. S. 121). Wie Gogarten dann feststellt, haben beide Weisen der Geschichtsbetrachtung mit ihren Vorstellungen das Ziel, Geschichte als ein in sich geschlossenes Gebilde zu verstehen. Aber er sagt auch, ein Gebilde sei nur als Ganzes zu verstehen, wenn es auch abgeschlossen sei. Und es kann von der Geschichte mitnichten behauptet werden, sie sei bereits fertig. Daher besteht die Möglichkeit der vollständigen Geschichtsbetrachtung wohl nur ab dem Zeitpunkt des Endes der menschlichen Geschichte, was gleichbedeutend ist mit dem Zeitpunkt des göttlichen Gerichts. Nur dann kann von einer abgeschlossenen Geschichte gesprochen werden, und nur dann ist deren Sinn auch zu begreifen.

Im Folgenden stellt er den Zusammenhang mit dem christlichen Glauben her, indem darstellt, dass sowohl der Mensch als auch die Welt nicht aus sich heraus ganz und heil sind, sondern nur aus ihrer Beziehung zu Gott, dem Schöpfer. Ganz wird also im christlichen Glauben nur „was sich öffnen und sich seine Ganzheit von außen zukommen läßt" (S. 126). Damit ist das Verständnis von Ganzheit in der neuzeitlichen Geschichte etwas völlig anderes, als in christlichen Verständnis, das die Geschichte „immer von der Zukunft her" (S.126) sieht.

Der Grund, warum Gogarten der Geschichte in seinem Werk einen so großen Platz einräumt ist der, dass er klären will, ob die Säkularisierung eine Erscheinung ist, die in der Geschichte des Christentums ihren Ursprung hat und damit zu seiner Entwicklung gehört oder dem christlichen Glauben von außen her aufgezwungen wurde und damit eine Bedrohung für ihn darstellt. Das bringt uns nun zum zentralen Thema seines Werkes.

c. Säkularisierung und Säkularismus

Wir wollen uns nun mit dem zentralen Thema und auch Teil des Titels des Werkes beschäftigen: der Säkularisierung. Hierzu muss gesagt werden, dass Gogarten eine wesentliche Unterscheidung macht zwischen der Säkularisierung, und einem Begriff, der früher bereits im Zusammenhang mit dieser negativ belegt worden ist: dem Säkularismus. Dieser Begriff wurde bereits Anfang des 20.Jahrhunderts von verschiedenen theologischen Richtungen im antimodernistischen Weltanschauungskampf gebraucht[8]. Ungeachtet dieser negativen Betonung des Wortes benutzt Gogarten es in seinem Werk. Er bezieht auch nicht Stellung zur früheren Verwendung oder der Belastung eben dieses Begriffes.

Gleich in der Einführung zu seinem Buch schreibt Gogarten zwei interessante Sätze über die Säkularisierung, die seiner Meinung nach ein altes und ein neues Verständnis dieser darstellen. „Ursprünglich sprach man von Säkularisierung, wenn etwas, was bis dahin sakralen, gottesdienstlichen Zwecken diente, für weltliche, säkulare Zwecke in

---

[8] Vgl. hierzu: Betz,RGG4 (Bd. 7), 789

9

Gebrauch genommen wird"(S.7). Hiermit wurde das alte Verständnis zum Ausdruck gebracht. In nur kurzem Abstand folgt das neuere Verständnis: „Neuerdings spricht man aber von Säkularisierung oder Säkularisation auch von einem geistesgeschichtlichen Vorgang und versteht darunter die Verwandlung ursprünglich christlicher Ideen, Erkenntnisse und Erfahrungen in solche der allgemein menschlichen Vernunft" (S.7). Der Unterschied im Verständnis des Begriffes könnte größer kaum sein, denn wo es sich hier nur um die Zweckentfremdung materiellen Kircheneigentums handelte, geht es da doch um gewaltige Schätze an Gedanken und Wissen, Erkenntnissen und Erfahrung, und damit auch um den Ursprung und die Herkunft der Moralvorstellungen des gesamten christlichen Abendlandes.

Ebenfalls noch in der Einleitung seines Werkes stellt der Autor die Frage: „ob die Säkularisierung etwas ist, das, dem christlichen Glauben und seinem Wesen fremd und entgegengesetzt, diesem aufgezwungen wird und das ihn von außen her zerstört, oder ob sie ein Vorgang ist, der sich ganz folgerecht aus dem Wesen des christlichen Glaubens ergibt" (S.8). Diese Fragestellung ist deshalb von so großer Bedeutung, weil ihre Beantwortung auch die Art und Weise, wie mit der Säkularisierung zu verfahren ist, vorgibt.

Ist sie ein Produkt des Glaubens und entspringt sie aus der christlichen Religion selbst, dann ist sie Teil der christlichen Geschichte und wohl kaum rückgängig zu machen, denn sie ist dann Teil von ihm und seiner Entwicklung. Sollte sich jedoch herausstellen, sie sei von außen her aufgezwungen, muss man sich fragen woher sie kam, und viel wichtiger noch, was dagegen getan werden müsste.

Das wichtigste Kapitel bei der Betrachtung dieses Sachverhaltes ist das 9. Kapitel: „Säkularisierung und Säkularismus". Gogarten geht gleich zu Anfang dieses Abschnitts darauf ein, dass der Glaube wie die Geschichte „zwiefältig" sei. Wie bereits erwähnt, sieht er den Ansatz der Säkularisierung in der Entmythologisierung des Glaubens. Glaube muss also in der Lage sein zu unterscheiden zwischen dem „Besorgen des Sohnseins des Menschen und des Schöpfungseins der Welt einerseits […] und andrerseits durch die Werke des Gesetzes" (S.134). Damit ist gesagt, dass das Heil weder allein durch den Glauben an Gott noch allein durch die Befolgung der irdischen Gesetze oder das Tun von Werken zu erreichen ist. Es ist immer beides vonnöten. Ähnlich verhält es sich mit der Geschichte des Menschen: Indem der Mensch in Lage ist, die Offenbarungsgeschichte oder göttliche Geschichte von der irdischen, weltlichen oder säkularen Geschichte zu trennen, entgeht der Glaube der Verweltlichung, eben der Säkularisierung, weil dann beide getrennt bleiben. Diese Unterscheidung wurde aber laut Gogarten nicht getan. Er will hier ausdrücken, dass es, wie beim Glauben, wieder beide Arten sind, die einander bedingen, aber auch hier führt nur ein Weg zum Ziel, dem Heil oder der Ganzheit, die überall anzustreben ist, nämlich die Nichtvermischung der Geschichtsperspektiven bei gleichzeitiger Beachtung beider. Deutlich wird dies in folgender Aussage: „So bedeutet also die scharfe Unterscheidung des sogenannten Heilsgeschehens von dem Weltgeschehen keineswegs, daß dieses gleichgültig sei. Vielmehr erhält es dadurch den Charakter der Geschichte" (S. 135). Dass sich beide Geschichtsarten bedingen, wird auch hier noch einmal klargestellt: „daß das Heil verwirkt wird, wenn die Weltgeschichte nicht mehr in der wachsten Erwartung des zukünftigen Gerichts geschieht" (S. 135). Somit ist also zur Erreichung der Ganzheit eine wesentliche Aufgabe des Menschen, diese Ganzheit auch in der Geschichte zu schaffen, aber eben nicht durch Vereinigung beider Perspektiven, sondern im bewussten Trennen der beiden Arten der Geschichtsbetrachtung.

Im Weiteren spricht Gogarten vom Tun der Werke. Hier sei nicht das „Was" der Werke entscheidend, sondern das „Wie", das heißt, dass sie im Glauben getan wurden, andernfalls seien es rein säkulare Werke (Vgl. S.135). Hier ist es offensichtlich, dass das Heil des Menschen nur im Glauben erreicht werden kann, das reine Tun von Werken nach irdischen Gesetzen und auch nach den Mahnungen im Neuen Testament reichen nicht aus, sollten sie nicht im Glauben und damit in Erwartung von Gottes Gericht getan worden sein. „Auf diese Weise hütet der Glaube den irdisch-weltlichen Charakter der vom Menschen fort und fort zu fällenden Entscheidungen, indem er die Endgültigkeit der ein für allemal von Gott in seiner Geschichte mit dem Menschen gefällten Entscheidung bewahrt. Und indem er so das eine im anderen tut, verbindet er beide Arten der Geschichte miteinander" (S.136). Auch hier werden noch einmal die Zwiespältigkeit, aber auch die gegenseitigen Forderungen im Glauben wie in der Geschichte deutlich.

Wie die Geschichte sieht Gogarten auch den Begriff der Säkularisierung zwiespältig. Er unterscheidet, wie auch die Kapitelüberschrift in seinem Werk schon verrät, zwei verschiedene Arten von Säkularisierung: Säkulararisierung und Säkularismus. Unter Säkularisierung versteht er die Art, in der die Grenze der Vernunft erkannt wurde und damit „der Gedanke des Ganzen als der höchste ihr mögliche zu denken aufgegeben ist, daß sie aber die Frage, vor die sie damit gestellt ist, nicht zu beantworten vermag und daß sie mit diesem Gedanken über ein fragendes Nichtwissen nicht hinauskommt" (S.142-143). Somit kennt diese Art von Säkularisierung ihre Grenzen und überschreitet sie nicht, um den Glauben im Glauben zu lassen. „Die andere Art von Säkularisierung […] bezeichnet man am besten als Säkularismus." (S.143) In dieser Form wird das „fragende Nichtwissen" nicht durchgehalten und damit entweder die Frage oder das Nichtwissen preisgegeben. Anschauungen, die meinen, auf die Frage nach dem Ganzen eine Antwort geben zu können, sind nach Gogarten „Heilslehren oder Ideologien (S.143). Diese geben oft Anleitungen, wie das Heil zu erreichen sei.

Demnach ist die Säkularisierung eine legitime Folge des christlichen Glaubens: „Das Verhältnis zwischen dem Glauben und der Säkularisierung kann […] niemals den Sinn haben, daß sie sich gegenseitig den Bereich streitig machen, der der ihre ist. Meinte der

Glaube, der Säkularisierung etwas von dem, was sie ergriffen, vorenthalten zu müssen, so hörte er auf, Glaube zu sein. Und umgekehrt: machte sich die Säkularisierung daran, das, was des Glaubens ist, für sich in Anspruch zu nehmen, so bliebe sie nicht Säkularisierung, sondern würde zum Säkularismus" (S.144). In dieser Textpassage wird unverkennbar, dass Glaube und Säkularisierung nur nebeneinander existieren können, wenn sie sich gegenseitig Raum lassen. Auch wird hier offensichtlich, dass es sich beim Säkularismus um eine Entartung der Säkularisierung handelt, eine Form, welche die Grenzen dem Glauben gegenüber überschritten hat.

Das Heil des Menschen und der Welt ist damit nur zu verwirklichen, indem sich die Vernunft „dem von ihr nicht aufzuhellenden Dunkel der Zukünftigkeit aussetzten und ihm gegenüber die Forderung des Ganzen vernehmen muss" (S. 146). Damit bleibt der Mensch wie die Welt immer in der Erwartung Gottes und seines zukünftigen Gerichts.

C. Schluss

Zusammenfassend kann gesagt werden, dass Gogarten der Meinung ist, das Christentum und der christliche Glaube seien säkularisiert worden durch die Übernahme ihrer Ideen und Erkenntnisse vom Glauben in die Vernunft. Dadurch bleibt die Vernunft nicht in ihrem Bereich, und der christliche Glaube wird zur „christlichen Ethik"(S. 222) verklärt, denn es sind nun nicht mehr die Ursprünge der gewonnenen Erkenntnisse nachzuvollziehen. Und auch der Glaube soll nach Ansicht Gogartens bleiben in dem „Bereich, in dem allein er Glaube zu bleiben vermag" (S. 226). Der Entartung der Säkularisierung, dem Säkularismus, kann also nur begegnet werden, indem die Frage nach dem Ganzen nicht beantwortet wird. Jedwede Antwort muss sich als Anmaßung herausstellen, die sich vor Gott und seiner Zukünftigkeit verschließt und damit dem christlichen Glauben den Rücken kehrt, weil durch diese Abkehr die Erreichung des Heils unmöglich wird. Es muss also das Ziel des Glaubens sein, nicht der Säkularisierung zu begegnen, sondern dem Säkularismus, jedoch muss sich der Glaube dabei in seinem eigenen Bereich betätigen, denn alles andere würde ihn zum Unglauben machen. So bleibt zu hoffen, dass sich die Erkenntnisse Gogartens weiter verbreiten und dem christlichen Glauben wieder dazu verhelfen, reiner und rechtfertigender Glaube zu werden und diesen auch von der weltlichen Geschichte und der säkularen Vernunft zu unterscheiden, denn nur so kann der glaubende Christ reinen Gewissens vor Gottes zukünftiges Gericht treten und sein Urteil erwarten.

D. Literaturverzeichnis

Bautz, Friedric-W. (Hg.), Biographisch-Bibliographisches Kirchenlexikon (Bd.2).
Herzberg 1990

Betz, Hans D. u.a., Religion in Geschichte und Gegenwart, RGG4 (Bd. 2).
Tübingen 1999

Betz, Hans D. u.a., Religion in Geschichte und Gegenwart, RGG4 (Bd. 3).
Tübingen 2000

Betz, Hans D. u.a., Religion in Geschichte und Gegenwart, RGG4 (Bd. 7).
Tübingen 2004

Gogarten, Friedrich: Verhängnis und Hoffnung der Neuzeit. Säkularisierung als
theologisches Problem, Stuttgart 1953

Kroeger, Matthias: Friedrich Gogarten. Leben und Werk in zeitgeschichtlicher
Perspektive (Bd. 1), Stuttgart/Berlin/Köln, 1997